Cuando sea grande
quiero ser...

más de 100 oficios y
profesiones para niños
que tienen la cabeza
llena de sueños

ediciones
ia
mi
qué
LIBROS
CIENTÍFICAMENTE
DIVERTIDOS

¿Qué es ediciones iamiqué?

ediciones iamiqué es una pequeña empresa argentina creada por una física y una bióloga empecinadas en demostrar que la ciencia no muerde y que puede ser disfrutada por todo el mundo. Fue fundada en 2000 en un desván de la Ciudad de Buenos Aires, junto a la caja de herramientas y al ropero de la abuela.

ediciones iamiqué no tiene gerentes ni telefonistas, no cuenta con departamento de marketing ni cotiza en bolsa. Sin embargo, tiene algo que debería valer mucho más que todo eso: unas ganas locas de hacer los libros de información más innovadores, más interesantes y más creativos del mundo.

Primera publicación en Francia bajo el título *Plus tard, je serai...*
© Editions Milan, 2007
Publicación en Argentina bajo el título *Cuando sea grande quiero ser...*
© ediciones iamiqué, 2008

info@iamique.com.ar ; www.iamique.com.ar
facebook: ediciones iamiqué
twitter: @_iamique_

Textos: Nadine Mouchet y Sophie Bordet
Ilustraciones:
Pronto (capítulos 1, 4 y 7)
Catel (capítulos 2 y 6)
Laurent Audoin (capítulos 3, 5 y 7)
Traducción: Valeria Castelló
Adaptación: Carla Baredes e Ileana Lotersztain
Corrección: Patricio Fontana y Laura A. Lass de Lamont
Adaptación de diseño: Paula Galli y Javier Basile

Primera edición: abril de 2008
Primera reimpresión: agosto de 2012
Tirada: 2000 ejemplares
I.S.B.N.: 978-987-1217-20-5
Queda hecho el depósito que establece la ley 11.723
Impreso en Argentina - Printed in Argentina

Mouchet, Nadine
  Cuando sea grande, quiero ser... / Nadine Mouchet y Sophie Bordet ; edición literaria a cargo de Ileana Lotersztain y Carla Baredes - 1a ed. 1ª reimp. - Buenos Aires : Iamiqué, 2012.
  80 p. : il. ; 21x21 cm. (Los fuera de serie)
  Traducido por: Valeria Castelló

  ISBN 978-987-1217-20-5

  1. Orientación Vocacional para Niños. I. Bordet, Sophie II. Ileana Lotersztain, ed. lit. III. Carla Baredes, ed. lit. IV. Castelló, Valeria, trad. V. Título
CDD 371.425

A Pauline y Line

Hace algunos años, soñabas con ser doctora, bombero, enfermera, jugador de fútbol...

Ahora que eres más grande, deseas ser veterinario, periodista o arqueóloga. ¡Y quizás hasta las tres cosas a la vez!
O tal vez no sepas qué te gustaría ser. No importa: tienes mucho tiempo por delante para decidirlo.
Por ahora, puedes usar tu tiempo para descubrir las profesiones.
Aquí te presentamos algunas que conoces y otras que no. Seguramente, casi todas tengan algo que ver con tus actividades preferidas, tus gustos y tus pasiones.

¡Te invitamos a descubrirlas!

Sophie Bordet y Nadine Mouchet

Y tú... ¿cómo eres?

Amo la naturaleza

Quiero cuidar el planeta

¡Me encantan los perros!

Me gustan las plantas,
los árboles,
las flores...

El caballo es mi
animal favorito

7

> Para hacer este trabajo, ¡no hay que tener ni un pelo de tonto!

Veterinario

Atiendo a los perros, a los gatos, a los pájaros. ¡Incluso a las serpientes! Tengo un consultorio en el que ausculto, vacuno y opero. Otros veterinarios atienden a los animales del campo -vacas, caballos y ovejas- y van a los criaderos para ayudar en los nacimientos. Y otros trabajan en las fábricas de alimentos o de medicamentos para animales.

Guía de perros de búsqueda y rescate

Mi perro y yo formamos un equipo muy unido. En realidad, ¡no podríamos trabajar el uno sin el otro! Yo lo alimento, lo cuido y lo entreno todos los días. Y él, gracias a su olfato, se ocupa de encontrar a las personas que quedan atrapadas bajo una avalancha de nieve. Así como mi perro está adiestrado para buscar personas extraviadas, otros pueden detectar explosivos, drogas o armas. Los guías de rescate (y nuestros perros) trabajamos para la Gendarmería, el Ejército o la Aduana.

> ¡Esta profesión me huele bien!

Entrenador de perros de asistencia

¿Repasaste la lección?

Los perros de asistencia ayudan a las personas que no ven (o no ven bien) a desenvolverse sin la ayuda de otras personas. Mi trabajo consiste en elegir a los perros que puedan hacer bien esta tarea, es decir, los más dóciles, tranquilos, inteligentes y atentos. Los más aptos suelen ser los labradores y los Golden Retriever.

Trabajo con cada perro durante seis meses. Le enseño a guiar a su amo evitando los obstáculos, a cruzar la calle sin peligro y a reaccionar a ciertas palabras, tales como "ómnibus" o "escalera". Luego le enseño al futuro dueño a aprender las mismas palabras y gestos, para que así pueda guiar con éxito a su asistente.

Fotógrafo de animales

¡No es nada fácil lograr que un perro, un gato o un pájaro posen para una foto! Tengo que trabajar mucho para conseguir una buena imagen... Juego con la luz y los decorados, diseño algunos efectos, tomo muchas fotografías, selecciono las mejores, retoco las imágenes en la computadora... Mi trabajo requiere mucha imaginación y mucha paciencia. Mis clientes -las revistas, las agencias de publicidad, las editoriales- me piden fotos de los temas más variados: concursos de belleza canina, competencias de perros de trineo y muchos otros.

¡Mira el pajarito!

El caballo es mi animal favorito

Profesor de equitación

Mi objetivo es transmitir a los demás mi pasión por los caballos. Trabajo en un centro ecuestre donde enseño a montar y también a respetar a los animales. Tengo alumnos de todas las edades -niños y adultos- y de todos los niveles -principiantes y expertos-. Además, entreno a algunos de mis alumnos para que participen en concursos hípicos. Y cuando tengo un minuto libre... ¡yo también monto a caballo!

¡Este trabajo me provoca un entusiasmo galopante!

¡No soy hippie, pero me encanta el hipismo!

Jinete de entrenamiento

Como la mayoría de los jinetes deportivos, sueño con ganar una carrera sobre una maravillosa montura. Mientras tanto, me dedico a ser jinete de entrenamiento. Todas las mañanas, me subo al caballo para adiestrarlo y prepararlo para las carreras, siguiendo las instrucciones que me da el entrenador. Después, limpio el establo y me ocupo de los cuidados del caballo.

Herrador

Soy artesano y me especializo en trabajar el hierro. Forjo yo mismo mis herramientas y fabrico y arreglo las herraduras de los caballos. Antiguamente, los jinetes iban a casa del herrador montados en sus caballos, para que se ocupara de ellos. Ahora, en cambio, soy yo el que va, con mi camioneta, a todos los lugares donde necesitan mis servicios: los centros hípicos, las residencias de los criadores, los campos de polo y los cuarteles de la Guardia civil, de la Gendarmería y del Ejército.

Granadero a caballo

Formo parte de los caballeros encargados de representar a mi país en las ocasiones importantes. Para los actos de conmemoración de las fiestas patrias, me pongo el uniforme y desfilo ante los ministros, los jefes de Estado o los invitados especiales. Participo también en demostraciones y en concursos ecuestres. La vigilancia de los bosques y de la ciudad también forma parte de mi trabajo.

Osteópata equino

Cuando un caballo de carrera comienza a renquear y no se le encuentra ninguna herida, no siempre llaman al veterinario. ¡Yo también puedo ayudar! Como soy especialista en "meter mano", masajeo la parte lastimada, hasta que logro poner en su lugar los músculos dañados. ¿Y sabes qué? El veterinario y yo no somos los únicos profesionales que atendemos a los caballos… ¡También hay dentistas equinos!

Me gustan las plantas, los árboles, las flores...

¡Si pisan el césped, me pongo verde de rabia!

Jardinero

Tanto en otoño como en invierno, ando de aquí para allá, rastrillando, sacando hojas secas y plantando flores en parques y jardines. En primavera y en verano, podo, riego, quito las malas hierbas, saco las flores marchitas y corto los arbustos.
En mis jardines, siempre hay algo para hacer. Y a la hora de podar los árboles... ¡llamo a los taladores!

¡Tengo un oficio ideal para una flor como yo!

Horticultor

Paso mucho tiempo en mi invernadero, donde cultivo plantas y flores que crecen en macetas. Siembro las semillas, riego los pequeños brotes y protejo a las plantas de las enfermedades. Cuando las flores alcanzan un tamaño razonable, las vendo. ¿Mis clientes? Los floristas, los jardineros, y la gente común. No vendo árboles y arbustos; ése es el trabajo de mi vecino, el arboricultor.

¡Estoy cansada de deshojar la margarita!

Florista

Dalias, jazmines, rosas... ¡Me gustan mucho las flores! Armo ramos armoniosos y llenos de color, según el gusto de mis clientes. A veces les agrego hojas, ramas o helechos. Compro las flores todos o casi todos los días a un proveedor mayorista o en el mercado de flores de mi ciudad.

Paisajista

Diseño todo tipo de espacios verdes: parques, plazas de juegos, terrazas, balcones, jardines... Primero decido dónde van las flores, los canteros, las fuentes y los bosquecillos de árboles, teniendo en cuenta el terreno y lo que desean mis clientes. Luego, entrego los planos a los jardineros y a los obreros que se encargan de la realización del jardín. Y al final, superviso que todo quede tal cual lo imaginé.
Siempre pongo un toque personal en lo que hago.

Con esta profesión... ¡no te salen canas verdes!

"Tres tristes tigres trituran trigo en un trigal."

Agricultor

Cultivo trigo, maíz, girasol, soja, arvejas, vid...
Mi trabajo es bastante rutinario: primero preparo el suelo; después, selecciono las semillas, las planto y les pongo abono con la ayuda del tractor.
¡Mis peores enemigos son la sequía y las enfermedades de los cultivos!
También suelo pasar bastante tiempo delante de la computadora para administrar las ventas y llevar la contabilidad del campo, que es una auténtica empresa pequeña.

Agrónomo

Árboles frutales, cereales, pollos, vacas lecheras, cerdos... ¡Mi radio de acción es enorme! Trabajo en el campo, junto a los agricultores o los criadores, o en los laboratorios de investigación. Mi tarea consiste en sacarle el jugo a cada campo, eligiendo y planificando la producción de cada uno. También me ocupo de que los animales estén sanos y que produzcan leche o carne de buena calidad.

¡Yo no le pido peras al olmo!

13

Guardapesca

Pescadores furtivos y personas que contaminan las aguas: ¡tiemblen! Soy como el "policía" de la naturaleza, que vigila muy de cerca los ríos, los lagos y las lagunas. Pongo multas a quienes no respetan las reglas de pesca o a los que arrojan productos tóxicos al río. Me ocupo también de controlar la calidad del agua, la salud de los peces y vigilo las obras que se hacen en las orillas del río.
Mi hermano es guardapesca marítimo. Hace lo mismo que yo, pero en el mar.

¡Pesco a los pescadores de inmediato!

¡Es una rama donde hay mucho trabajo!

Ingeniero forestal

Mi misión: administrar los bosques y protegerlos. Decido qué hay que cortar y qué árboles se deben plantar para reforestar. Me ocupo del mantenimiento de los caminos y defino las reglas de caza. Para poder tomar las decisiones correctas debo conocer como la palma de mi mano los bosques que tengo a cargo: su suelo, su historia, sus árboles y sus animales.

Guía de naturaleza

Organizo visitas guiadas, clases "verdes" o estadías en sitios naturales para enseñarle a la gente a cuidar y proteger la fauna y la flora salvaje. También organizo talleres, paseos o juegos relacionados con las aves, el agua, la contaminación del aire o la clasificación de los residuos. Puedo trabajar para la municipalidad, las escuelas, las asociaciones de preservación de la naturaleza, las reservas naturales, los museos...

¡Mi trabajo es bueno por naturaleza!

¡Nada se pierde, todo se transforma!

Técnico en tratamiento de desechos

Trabajo en fábricas de tratamiento de residuos. Algunas reciclan plástico, hierro y papel y otras producen electricidad a partir de desechos no reciclables. Como gran parte de la cadena de producción está automatizada, me ocupo del mantenimiento de las máquinas y de analizar la calidad de los productos tratados.

Técnico en energía eólica

Sin duda, ya has admirado esos molinos enormes y modernos que decoran el paisaje en las afueras de la ciudad. Esos gigantes blancos con alas usan la fuerza del viento para producir electricidad. Mi trabajo consiste en supervisar su instalación, controlar la puesta en marcha y medir la electricidad que producen. Se llaman "motores de viento".

¡Voy para donde sopla el viento!

15

Soy todo un artista

Tengo millones de ideas

Me gusta el mundo
del espectáculo

Tengo onda con la música

¡Me encanta
dibujar y diseñar!

¡Me encanta dibujar y diseñar!

Ilustrador

¡Me paso el día dibujando! Me encargan ilustraciones para libros, revistas o diarios... Casi siempre ilustro para niños, aunque algunas veces lo hago para adultos.

Para ser un buen ilustrador, no basta con saber dibujar personajes y decorados: también tengo que expresar emociones y darles un toque personal a mis ilustraciones.

Arquitecto

Soy el que proyecta una casa, moderniza un restaurante o diseña una planta industrial. "Un dormitorio a la izquierda, una oficina a la derecha..." Organizo el espacio según las necesidades y los gustos de mis clientes y hago los planos teniendo en cuenta las perspectivas, la luz y el espacio. ¿Y los materiales? También me ocupo de elegirlos, respetando las reglas y los costos de construcción.

Diseñador de indumentaria

Diseño ropa y también accesorios. ¡Para cada temporada una colección! Mi trabajo consiste en imaginar y diseñar modelos originales, seleccionando las telas y los materiales. Tengo que considerar las formas y el estilo de cada momento y ver cómo me las arreglo con los límites técnicos que me impone la fabricación. ¡Vivo a la pesca de nuevas ideas!

Diseñador gráfico

Creo afiches, páginas de publicidad, tapas de juegos, maquetas de libros... Los artistas, los creativos publicitarios y los editores me entregan los textos y las imágenes desordenadas y yo los ordeno en mi computadora. Juego con los colores, las fotos, el tipo y el tamaño de las letras... hasta que logro el diseño que más se acerca a lo que necesita mi cliente.

Diseñador de *packaging*

Muchas de las cosas que compras vienen en envases o cajas atractivas que hacen que te den ganas de llevártelas a casa. Botellas de gaseosas, papeles de chocolate, potes de yogur... todo el *packaging* de un producto pasa por mis manos, para que lo diseñe en forma práctica y llamativa. Realizo el proyecto con la computadora y, cuando estoy satisfecho, hago la maqueta en tres dimensiones. Esa maqueta luego sirve como modelo para la fabricación del *packaging* en grandes cantidades. (*Packaging* significa "empaque" en inglés).

Diseñador industrial

Lo mío es el diseño de objetos: muebles, piezas de automóviles, utensilios, bancos de plaza, lámparas, anteojos... Imagino y creo toda clase de productos. Al igual que el diseñador de *packaging*, trabajo mucho con mi computadora, haciendo esquemas e imágenes tridimensionales. Mis planos sirven después como modelo para la fabricación de esos objetos.

Tengo onda con la música

Músico

Mi herramienta de trabajo es el violoncelo. Pero también podría ser una flauta, un trombón, un xilofón o un arpa. Toco en una gran orquesta, bajo las órdenes de la batuta de un famoso director. Mi vida transcurre entre ensayos, conciertos y grabaciones de discos, tanto en mi país como en el extranjero. También soy profesor en una escuela de música.

En mis ratos libres, descifro partituras y compongo mi propia música.

Productor de giras

¡Soy la mano derecha de las bandas de música y de los cantantes! Me ocupo de organizar las giras, decidiendo cuándo y dónde se realizarán las presentaciones: tal día en tal sala, tal otro en aquel estadio. Me encargo de alquilar los micrófonos y los amplificadores, del transporte y el alojamiento de los músicos. También hago trabajo de prensa, comunicando a los diarios, las revistas, la radio y la televisión todo lo referente a la gira. ¡Imposible aburrirse!

Sonidista

Aunque paso la mayor parte del tiempo en la sala de espectáculos, ¡nadie me ve! Me encargo de todo lo relacionado con el sonido de los recitales y de las obras de teatro: instalo los micrófonos y los parlantes, regulo el volumen e introduzco efectos sonoros. Trabajo con los músicos o utilizo sonidos que fueron grabados con anticipación. Durante el espectáculo, estoy superatento a la calidad y el nivel del sonido, y hago los ajustes necesarios desde mi cabina.

Jefe de efectos sonoros

La mayoría de los sonidos que escuchas en las películas (una puerta que se cierra bruscamente, los pasos de alguien en la calle o un vidrio que se rompe) raramente fueron grabados en el momento mismo de la filmación.

Mi trabajo consiste en reproducir estos ruidos en un estudio, para agregarlos a la banda sonora de la película. Uso instrumentos, latas de conserva, sonidos grabados, tacos de madera... ¡y hasta mis propias manos! Todo vale, con la única condición de que el efecto logrado se adecue perfectamente a la imagen que se ve en la pantalla.

Actor

¡Actuar no es sólo una cuestión de arte! Me entreno todos los días sin excepción: recito textos, bailo, canto. Voy a ver obras de teatro y me encuentro con autores que me muestran los guiones que escribieron. Me presento en los *castings* con la esperanza de conseguir un papel en teatro, cine o televisión. Cuando recibo una propuesta interesante, me pongo loco de contento y comienzo de inmediato con los ensayos.

Artista de circo

Equilibrista y músico, malabarista y mago, cantante y payaso... todo artista de circo debe poseer una interesante gama de talentos. Yo, por mi parte, soy trapecista y toco el trombón en una pequeña banda. Creo mis propios números artísticos. Mis días de trabajo se reparten entre los ensayos, el mantenimiento de los materiales que utilizo y los espectáculos. Nuestra *troupe* viaja de una ciudad a otra, al ritmo de las presentaciones, por eso mis compañeros de trabajo son también mi familia, y el circo, mi hogar.

Cuentacuentos

Había una vez... Tengo un trabajo que maravilla a grandes y a pequeños por igual. Cuento historias en las escuelas, en las bibliotecas, en las fiestas y en los hospitales. Las tomo de un libro o de mi imaginación. A veces las acompaño con música y mímica, porque los sonidos y los gestos les agregan significado a las palabras.
Me gusta que los que me escuchan sueñen, se emocionen, tiemblen y viajen a lugares fantásticos...

Maquillador

Detrás de las personas que ves en la televisión se esconden dos secretos: una buena iluminación y la magia del maquillaje. Una pincelada por aquí, un toquecito por allá, un poco de lápiz labial... Todos lucen como deben y ningún rostro brilla pese a la iluminación intensa.

Cuando se trata de la ficción –en la tele, el cine o el teatro– el maquillaje requiere más imaginación y trabajo: hay que transformar a una joven actriz en una viejecita centenaria o a un actor en un monstruo de las cavernas. ¡Todo un arte!

Vestuarista

Cine, teatro, ópera, comedia musical... Vivo en un universo de trajes, accesorios y lentejuelas. Me gusta estar entre las telas, las cintas, los botones, las perlas... Si me contratan para un gran espectáculo, puedo llegar a realizar cien trajes de una vez. Tengo que tomar las medidas a cada uno de los actores, coser cada pieza, probar la ropa y hacer los retoques para que todo quede impecable. Dicen que el traje es la segunda piel del actor... ¡Menuda responsabilidad!

Camarógrafo

Con mi cámara al hombro, voy por todas partes, registrando las cosas que son noticia y filmando documentales. Domino perfectamente la técnica de la cámara y eso me permite obtener imágenes de calidad. También juego con la luz, la escenografía, los planos (primer plano, *zoom*, plano general)...

Algunos de mis colegas trabajan en estudios de cine o de televisión.

Tengo millones de ideas

Director integral

Dirijo el espectáculo de la A a la Z: decido la puesta en escena, selecciono a los artistas, estoy en los ensayos... Orquesto el trabajo de los escenógrafos, de los vestuaristas, de los maquinistas y de los técnicos.

Cada director integral tiene su propia especialidad: comedia musical, teatro, ópera, circo, cine o televisión (a los de cine y televisión se los suele llamar "realizadores integrales").

Escenógrafo

Realizo los decorados y la ambientación de las escenas de teatro, cine o televisión. Para materializar mis ideas, trabajo junto a los carpinteros, los pintores y los artistas plásticos.

Algunos de mis colegas trabajan en exposiciones de arte: diseñan la ambientación de las salas, deciden dónde ubicar las obras, cómo hacer el recorrido. Otros trabajan en locales comerciales, haciendo ambientaciones especiales.

Creativo publicitario

Soy 100% imagen y texto. Trabajo en una agencia de publicidad, codo a codo con un diseñador gráfico. Juntos elaboramos imágenes impactantes y eslóganes atractivos para folletos publicitarios, afiches callejeros o publicidades en diarios y revistas. También ideo filmes publicitarios, que son los que sueles ver en la tele.

Trabajador social

Hay familias que se quedan sin vivienda o que no encuentran trabajo en la zona donde viven; hay niños que no tienen hogar y hay algunos adultos que quieren adoptar un niño; hay muchas personas que necesitan ayuda... Mi trabajo consiste en tender puentes entre las necesidades de la gente y la comunidad, para encontrarles una solución a sus problemas.

Antes trabajaba en un centro comunitario y ahora trabajo en un centro para personas sin techo. Algún día me gustaría trabajar para el gobierno, ideando planes sociales que puedan ayudar a mucha, mucha gente.

Auxiliar de vida

"Auxiliar" significa socorrer, ayudar, dar amparo. Trabajo con personas mayores, enfermas o con capacidades diferentes, e intento que sus vidas sean más sencillas y placenteras. Les preparo la comida, les hago algunas compras, los llevo a dar un paseo, los acompaño en alguna de sus actividades... Respeto su ritmo de vida y su manera de hacer las cosas. Me gusta saber que conmigo se sienten acompañados y cuidados.

¡Detesto las injusticias!

¡BASTA!

Abogado

Ayudo a la gente a comprender la ley y a defender sus derechos. Culpables o inocentes, acusadores o acusados, represento a mis clientes ante un tribunal de justicia. Para poder hacerlo eficientemente, estudio cada caso con cuidado y preparo los argumentos más convincentes para la justicia.

Las leyes son tantas y los campos de acción tan amplios, que los abogados siempre nos especializamos: algunos nos ocupamos de los problemas de familia; otros, de los problemas que surgen en las operaciones comerciales; otros, de los problemas entre trabajadores y empleadores; otros, de los problemas entre delincuentes y víctimas...

in justicia

CÓDIGO CIVIL

Juez

Mi misión es impartir justicia en nombre de la sociedad, es decir, velar porque se respeten las leyes de la Nación. Durante cada juicio que debo presidir, estudio minuciosamente la acusación y la defensa, algunas veces escucho a los involucrados (el que acusa y el acusado), consulto las leyes y, finalmente, tomo una decisión.

Mi trabajo es un trabajo de mucha responsabilidad que sólo puede ejercer alguien que tenga un profundo sentido de justicia.

Policía

Me ocupo de que las calles estén tranquilas y de que las personas se sientan seguras. Intervengo si hay una pelea, un robo, un accidente de tránsito... y vigilo que todos los ciudadanos se comporten correctamente, dentro de lo que indican las leyes. En auto, a pie, en moto o en bicicleta, de noche o de día, siempre estoy listo para entrar en acción. Algunos colegas cumplen funciones especiales, como las de custodio, investigador, instructor de tiro, agente de rescate, etcétera.

Agente aduanero

Miro con lupa a las personas y los paquetes que cruzan las fronteras de mi país. Trabajo en un puesto fronterizo, pero también podría trabajar en el aeropuerto o en el puerto de la ciudad. Controlo los documentos de los pasajeros y el contenido de su equipaje, para asegurarme de que todos y todo se encuentra dentro del marco de la ley.
Animales exóticos, drogas, armas, copias ilegales de artículos de marca... ¡Ningún objeto prohibido escapa a mi mirada!

Me gustan los desafíos

Quiero viajar

¡Necesito acción!

Soy muy curioso

Soy muy desenvuelto

57

Azafata o auxiliar de vuelo

Lunes: Tokio, miércoles: Bangkok, jueves: París. ¡Así transcurren mis días!
Llego al aeropuerto unas horas antes del despegue del avión. Controlo la documentación y me aseguro de que todo esté en orden: los pasajeros sentados y con los cinturones de seguridad abrochados, y el equipaje de mano en los compartimentos. Durante el vuelo les recuerdo a los pasajeros las reglas de seguridad a bordo y me ocupo del confort de todos y cada uno de ellos.
¡La sonrisa y la cortesía son indispensables! Entre un vuelo y el siguiente, aprovecho para dar un paseo y conocer la ciudad donde me encuentro.

Guía turístico

A pie, en ómnibus o en barco, acompaño a los turistas extranjeros a conocer las diferentes zonas de mi ciudad. Visitamos monumentos, museos y edificios importantes, mientras les cuento montones de historias y datos que los cautivan y entretienen.
Un grupo de japoneses, un contingente de italianos... inglés por la mañana, francés por la tarde... Cada día trae algo nuevo. Mi trabajo es muy gratificante: me divierto, aprendo cosas sobre otras culturas y tengo amigos desperdigados por todo el mundo.

Marino mercante

¡Mi vida transcurre en el mar y en los puertos del mundo entero! Paso la mayor parte del tiempo en un gran navío que lleva productos de un lugar a otro. Cuando anclamos, controlo la carga y la descarga de la mercancía. Tanto en alta mar como en tierra firme, me ocupo del mantenimiento general del barco y de que todo funcione correctamente en la sala de máquinas. Paso muchos meses lejos de casa...

Comprador en el extranjero

En este momento, trabajo para una importante fábrica de chocolates. Mi objetivo es conseguir el mejor cacao al mejor precio. Para lograrlo, investigo cuáles son las fábricas que hay en el mundo, la calidad que comercializan, las condiciones en las que puedo comprar... Una vez que tengo algunos candidatos, viajo para discutir precios, conocer la planta, verificar la calidad y asesorarme sobre las leyes comerciales de ese país. Cuando estoy decidido, compro el cacao y me ocupo de su transporte hasta nuestra planta industrial.

Diplomático

Por designación del gobierno nacional, soy el representante de mi país en Francia. Trabajo en la embajada y mi misión es seguir de cerca todos los acontecimientos que ocurren en Francia: acuerdos políticos, medidas económicas, eventos culturales importantes.
Los diplomáticos que fueron designados para trabajar en el consulado se ocupan especialmente de los compatriotas que viven en Francia, brindándoles asesoramiento y asistencia.

Soy muy curioso

Arqueólogo

Me apasionan las civilizaciones antiguas. Estudio los monumentos, los objetos y los textos que se han conservado a través de los siglos y que nos sirven para develar los misterios de cada una de ellas. De tanto en tanto, participo de alguna expedición que sale en busca de algún tesoro arqueológico. Es un verdadero trabajo en equipo: provistos de palas, picos, pequeños cepillos y escudillas, exploramos el terreno y clasificamos los objetos que encontramos para estudiarlos luego con detenimiento. Si hacemos un descubrimiento interesante, brindamos locos de contentos y publicamos nuestro hallazgo en alguna revista especializada.

Yo me dedico a la Antigua Grecia, pero hay arqueólogos especializados en el Antiguo Egipto, en el Imperio Romano, en los persas...

Oficial en criminalística

Tráfico de drogas, robos a mano armada, secuestros, asesinatos, falsificación de dinero... ¡no ocurren sólo en las películas! Con la ayuda de mis colaboradores, me ocupo de los casos que requieren una investigación profesional. Buscamos pistas en el lugar donde ocurrió el delito, levantamos huellas, interrogamos a los sospechosos, identificamos a los posibles cómplices, atamos cabos sueltos... Para hacer este trabajo es indispensable tener tres condiciones: pensamiento lógico, paciencia y sentido común.

Bibliotecario

¿Cómo encuentras un libro en una biblioteca donde hay miles y miles de ejemplares? ¡Gracias a mi trabajo de hormiga! Paso gran parte del día ordenando el material que llega: los libros, los periódicos, las revistas, los videos... Los clasifico, les pongo etiquetas, los ubico en su lugar y los registro en el sistema informático. Debo ser capaz de responder en cuestión de minutos a los pedidos de cada una de las personas que me consultan. Como soy curioso y leo muchísimo, estoy siempre al tanto de las novedades. Algunos de mis colegas trabajan en escuelas o universidades, y otros, en centros culturales o museos.

Periodista

En el fin del mundo o a la vuelta de la esquina, estoy en el lugar de los hechos, en el momento justo. Con lápiz y papel, o con un pequeño grabador, observo, investigo y entrevisto a la gente. Más tarde, reúno y selecciono la información para escribir los artículos que publica el periódico que me contrató.
Dicen que tengo un estilo directo y chispeante, que atrapa a los lectores. A veces, tomo yo mismo las fotografías y otras, me acompaña un fotógrafo.
Los periodistas que trabajan para la televisión documentan sus investigaciones con una cámara.

Soy muy desenvuelto

Representante comercial

Represento a una marca de calcetines (pero podría también ser de dulces o de computadoras). Recorro región por región, buscando comercios que compren nuestros productos. Mi jefe me ha fijado un desafío: vender seiscientos pares de calcetines este mes, setecientos el próximo y dos mil para Navidad. Para convencer a los posibles clientes, despliego toda mi simpatía y uso dos argumentos infalibles: mis calcetines son de excelente calidad y mejores que los de la competencia. Cuando protestan por el precio... ¡les prometo un gran descuento si me hacen una buena compra!

Agente de prensa

Dentro de unos días comenzará un festival de circo. Para atraer a la mayor cantidad posible de espectadores, los organizadores necesitan que se hable del festival en todos los medios de comunicación: periódicos, revistas, televisión y radio. Mi desafío es echar a rodar la noticia. Para hacerlo, redacto un informe de prensa sobre el circo, sus artistas y los números que realizarán, y luego se lo mando a algunos periodistas clave, para que ellos escriban y hablen sobre el espectáculo. Si lo requieren, les doy fotos y organizo entrevistas con los artistas. Un agente de prensa puede trabajar para el teatro, la moda, el deporte, la literatura...

Periodista de radio

Para cautivar a los oyentes se necesitan muchos dones: buen humor, una voz agradable, buena dicción y un lenguaje claro y fluido... Conduzco un programa cultural, con muchas entrevistas, un poco de música y algunas noticias. Recibo a los invitados en el estudio de grabación y, luego de explicarles cómo son los códigos del estudio, los presento "al aire", les hago preguntas, propongo temas de debate. La preparación de un programa es un verdadero trabajo en equipo.

Recepcionista

"Un momento, por favor. Enseguida le indico quién es la persona que busca...". Recibir, escuchar, guiar: éste es mi rol. Instalado en el hall de recepción de una compañía, tengo que dar una buena imagen de la empresa. En los centros comerciales o en las exposiciones, oriento e informo a los clientes perdidos o apurados. En una oficina de turismo, ayudo a los visitantes a organizar su estadía. Y si trabajo en un hotel, recibo a los pasajeros, les doy la bienvenida y me encargo de que se instalen cómodamente en su habitación. Me encantan los idiomas.

Cartero

Mi jornada de trabajo comienza muy temprano en las oficinas del Correo, cuando clasificamos la correspondencia según los destinos. Una vez que está listo lo que me toca repartir, salgo de gira... Deposito las cartas, los paquetes pequeños y los periódicos en los buzones de casas, edificios y comercios. Entrego en mano las encomiendas y las cartas certificadas. De paso, converso un poquito con las personas que las reciben. Después de un tiempo de recorrer siempre la misma zona, ¡termino conociendo a todos los vecinos! En las áreas rurales, los carteros suelen moverse en auto o en bicicleta. En la ciudad, en bicicleta o a pie.

Encargado de mudanzas

¡Somos los especialistas del orden! Hábiles, cuidadosos, forzudos, rápidos y discretos, cada uno de nosotros sabe qué tiene que hacer: proteger los cristales, desarmar ciertos muebles para su traslado, embalar los libros de la biblioteca, bajar el piano con la ayuda del montacargas... Todo debe entrar en el camión de mudanzas en perfecto orden y con mucho cuidado, para que llegue sano y salvo a su nuevo hogar. Algunos encargados de mudanzas se especializan en el transporte de obras de arte; otros, en la mudanza de grandes empresas; y otros se ocupan de trasladar las instalaciones de grandes espectáculos o mega exposiciones.

Maestro mayor de obras

Soy el "director de orquesta" de cualquier obra en construcción. Estudio detenidamente los planos de la obra y distribuyo el trabajo entre los oficiales, los albañiles y los conductores de máquinas. Acondiciono el lugar donde se va a realizar la obra: instalo vestuarios, baños y pequeñas oficinas. Me ocupo de que estén disponibles todos los materiales que se van a necesitar el día que se van a utilizar, y me cercioro de que los trabajadores tengan la mayor seguridad. También controlo la calidad de cada trabajo e intento cumplir con los plazos previstos para la finalización de la obra. ¡Que todo esté listo a tiempo es un gran desafío!

Agente de seguridad

Mi misión es garantizar la protección y la seguridad de distintas personalidades del mundo de los negocios o del espectáculo que visitan mi país. Algunos de mis colegas trabajan en empresas de gran envergadura, donde controlan a la gente que entra y sale, protegen las mercancías y el equipamiento y cuidan las instalaciones... Otros trabajan en bancos, joyerías, museos y otros lugares públicos donde se maneja dinero u objetos de mucho valor. Y algunos son elegidos para cumplir misiones especiales, como la de proteger a un testigo clave o vigilar a algún sospechoso.
¡Hay que estar siempre con los ojos bien abiertos!

65

Adoro los deportes

Me gusta competir

**Soy fanático
de la pelota**

**Me encanta
el riesgo**

67

Soy fanático de la pelota

Futbolista

El mío es un trabajo muy conocido. Sin embargo, no todo pasa por los partidos... Entreno duro, me preocupo por comer y dormir bien y paso muchas horas lejos de casa. Cansado o desanimado, siempre estoy listo para salir a jugar y cada nueva victoria me incita a superarme. El fútbol profesional es muy competitivo: sólo los mejores entre los mejores logran jugar en los grandes clubes.

Profesor de Educación Física

Me gusta enseñar todos los deportes... Entreno a niños y a adultos, en clubes, centros al aire libre o colonias de vacaciones. Para mí, lo más importante es transmitirles el placer de hacer deportes, de superarse y de jugar en equipo.

Periodista deportivo

Entrevisto a jugadores, investigo a algún joven que promete ser una estrella, ando a la pesca de primicias en los corredores de los grandes clubes, estudio las tablas de posiciones... Escribo artículos sobre la actualidad deportiva para una revista especializada. Apasionado y curioso, busco siempre noticias que atrapen a los lectores.

Jardinero de estadio deportivo

Durante los partidos, es indispensable que "mi" césped esté en perfectas condiciones. ¡No es cuestión de quedarse de brazos cruzados y contemplar cómo crece! Lo riego, lo corto, le quito las malezas, reparo los sectores que quedan dañados después de cada encuentro... Por supuesto, tengo los autógrafos de todos los que jugaron aquí y no me pierdo ni un solo partido.

Diseñador de ropa deportiva

Cuando me encomiendan el diseño de una nueva línea para algún deporte en particular, comienzo por investigar cuáles son las necesidades de los que practican ese deporte: que el calzado sea más liviano o con mejor agarre, que los pantalones sean más largos, que las camisetas sean más ajustadas. Con eso en mente, diseño los modelos y elijo los materiales. Por último, combino los colores y les doy un toque original. Me encanta saber que con mis diseños los deportistas se sienten a gusto...

Kinesiólogo

Mi trabajo consiste en cuidar los músculos y las articulaciones de los jugadores del plantel para el que trabajo. Antes de un entrenamiento o de un partido, les hago masajes a los jugadores para que sus músculos se distiendan y entren en calor. Y cuando alguno se lesiona o se siente muy dolorido, me ocupo especialmente de su recuperación.

Me gusta competir

¡Soy un deportista de alta competición!

Deportista de alta competición

Atleta, gimnasta, jugador de tenis, nadador o patinador... un deportista de alta competición debe ser el mejor en su disciplina, ¡y seguir siéndolo! Entreno muy duro todos los días de mi vida: realizo ejercicios técnicos, fortalezco mis músculos y pruebo diferentes tácticas. Mi deseo de triunfar es siempre más fuerte que el estrés o el cansancio.

Como la mayoría, comencé de pequeño y clasifiqué entre los mejores a nivel regional. Luego disputé las competencias nacionales y, de más grande, las internacionales. ¡Cada victoria me brinda una alegría inmensa!

Entrenador deportivo

Soy el conductor de un equipo deportivo. Mi objetivo es lograr que cada deportista -niño o adulto- alcance su mejor nivel y que todos juntos formen un buen equipo. Preparo ejercicios para cada uno, diseño estrategias de grupo y corrijo errores técnicos o movimientos que podrían provocar lesiones. Además, los consuelo cuando sufrimos una derrota y los estimulo a superarse la próxima vez. Es un trabajo de mucho compromiso.

Lo importante es competir... ¡y ganar!

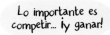

¡Estoy en un estadio decisivo de mi carrera!

Responsable de estadio deportivo

En un gran estadio hay deportistas, entrenadores, árbitros... y un equipo entero que se ajetrea en su interior: un contador, los que venden las entradas, el personal de mantenimiento, de limpieza, de seguridad, etcétera. En mi condición de responsable, orquesto el trabajo de cada uno de ellos para que el estadio esté siempre en perfectas condiciones y los partidos se desarrollen con normalidad.

¡Tengo un trabajo electrizante!

Organizador de eventos deportivos

Asisto a todas las competencias, pero llego mucho más temprano que los demás. Soy el responsable de la parte técnica de la organización: el equipamiento deportivo (las columnas, las redes, los arcos, las pelotas), la iluminación, el sonido, los tableros electrónicos, etcétera. Trabajo con electricistas y técnicos especializados.

Me encanta el riesgo

Guía de alta montaña

Guío a los enamorados de la montaña hasta las cimas del planeta. Equipado con arneses, cuerdas, mosquetones, crampones y piquetas, domino todas las técnicas de escalada. No me detienen ni las rocas, ni la nieve ni el hielo. Sin embargo, siempre ando con mucho cuidado, pues sé que la montaña es un lugar tan peligroso como apasionante: hay enormes grietas, y suelen producirse tormentas de nieve, avalanchas y derrumbes.

¡Hurra!

Doble de riesgo

¡Tengo el récord mundial de rompedores de autos! En las películas, soy el que reemplaza a los actores en las escenas peligrosas que involucran accidentes automovilísticos, como choques, vuelcos y frenadas. Otros dobles de riesgo se especializan en accidentes a caballo; otros, en riñas callejeras; otros, en artes marciales... y otros, en caídas, explosiones y piruetas espectaculares.

¡Aquí voy!

Buzo

Algunos buzos son profesores en clubes deportivos o en centros turísticos. Otros integran equipos de investigación, y exploran y filman el fondo marino. Yo, por mi parte, trabajo en la construcción: inspecciono el estado de los diques, de los muelles y de las instalaciones costeras. También participo en las tareas de mantenimiento. Los buzos que trabajan en la Armada realizan operaciones de rescate y reciben entrenamiento de combate.

Trabajador en altura

Lo mío son la escalada y los trabajos de difícil acceso. Provisto de un arnés y atado con cuerdas, limpio los vidrios de los edificios gigantes, participo en la construcción de puentes, inspecciono las grúas, instalo las luces de los monumentos y otras tareas por el estilo. No conozco el vértigo... ¡Soy un hombre muy equilibrado!

Piloto de caza

Como oficial de la Fuerza Aérea, garantizo la seguridad del aire en el territorio de mi país. Paso muchas horas a bordo de un avión de combate. En tiempos de paz, me entreno e intercepto todos los aviones desconocidos que sobrevuelan sin permiso el territorio. En tiempos de guerra, soy encargado de reconocer y de atacar los aviones enemigos.

Sitios de Internet para recorrer, **visitas** para hacer y **películas** para ver...

Amo la naturaleza
- http://www.perrosguia.org.mx/
- http://www.alrfoto.com/
- http://www.wwfca.org/
- http://www.greenpeace.org.mx/
- Puedes visitar el Jardín Zoológico y el Jardín Botánico de tu ciudad. También puedes visitar alguna veterinaria o algún vivero.
- Puedes ver las películas *Liberen a Willy* (1993) y *El clan de los Doberman* (1972).

Soy todo un artista
- http://www.centrepompidou.fr/
- http://www.cirquedusoleil.com/
- http://www.lahistoriadelapublicidad.com/
- Puedes aprender a tocar algún instrumento o tomar clases de teatro o de acrobacia.
- Puedes ver las películas *El cameraman* (1928), *Escuela de rock* (2003) y *Fama* (1980).

Meto mano en todo
- http://www.edenorchicos.com.ar/edenorchicos/
- http://www.museodelautomovil.org.ar/
- http://www.eurochavales.es/index.php?seccion=menudas
- http://chicos.net.ar/la-cocina/archives/receta.htm
- Puedes visitar algún taller mecánico, una panadería o una carpintería de tu zona.
- Puedes ver las películas *Ratatouille* (2007) y *Herbie a tope* (2005).

Tengo alma de científico
- http://ares.cnice.mec.es/matematicasep/colegio/colegio.html
- http://www.afip.gov.ar/et/
- http://www.lanasa.net/
- http://w3.cnice.mec.es/eos/MaterialesEducativos/mem2000/astronomia/chicos/index.html
- http://www.mpc.org.ar/
- Puedes visitar el Museo de Ciencias Naturales y algún centro de investigación que organice visitas para la comunidad.
- Puedes ver las películas *Volver al futuro* (1985) y *Parque Jurásico* (1993). Si tienes oportunidad, consigue la serie *Cosmos* de Carl Sagan (1980).

Soy atento con los demás
- http://www.enredate.org/
- http://www.unicef.org/spanish/
- http://www.bomberos-sin-fronteras.org/
- http://participacion.scslat.org/
- Acércate a algún centro vecinal que realice tareas comunitarias y averigua de qué modo puedes colaborar.
- Puedes ver las películas *Matilda* (1996) y *Ser y tener* (2002).

Me gustan los desafíos
- http://www.mna.inah.gob.mx/
- http://www.biblioteca.org.ar/infantil.htm
- http://www.colorincolorradio.com/
- Puedes visitar las oficinas de redacción de algún periódico o revista.
- Puedes ver las películas *Los cazadores del arca perdida* (1981) y *Jumanji* (1995).

Adoro los deportes
- http://es.fifa.com/
- http://kidshealth.org/kid/en_espanol/
- http://www.stuntsunlimited.com/frameset.html
- http://www.buceo21.com/
- Puedes intentar presenciar el entrenamiento de algún gran equipo.
- Puedes ver las películas *Buddy Super Star* (1998), *Spacejam* (1996) y *Rocky I* (1976).

Puedes ser...